Nach den seit 1.8.2006 verbindlichen Rechtschreibregeln.

Bibliografische Information der Deutschen Nationalbibliothek
Die Deutsche Nationalbibliothek verzeichnet diese Publikation in der Deutschen Nationalbibliografie;
detaillierte bibliografische Daten sind im Internet über http://dnb.ddb.de abrufbar.

D C B A
Redaktionelle Leitung: Eva Günkinger
Lektorat: Sophia Marzolff
Fachberatung: Ulrike Holzwarth-Raether
Herstellung: Claudia Rönsch
Layout und Satz: Michelle Vollmer, Mainz
Umschlaggestaltung: Mischa Acker
Printed in Malaysia
ISBN-13: 978-3-411-70802-4
ISBN-10: 3-411-70802-6

Lesedetektive

Herr von Blech zieht ein

Salah Naoura
mit Bildern von Michael Bayer

Dudenverlag
Mannheim · Leipzig · Wien · Zürich

Inhalt

1. Toms Erfindung

Tom war ein fantastischer Erfinder. Bei schlechtem Wetter saß er stundenlang in seinem Zimmer und bastelte und baute. Toms Eltern, Herr und Frau Meier, und seine große Schwester Anna waren davon nicht sehr begeistert, denn Tom nahm zum Erfinden alles, was er im Haus so fand – ganz egal, wem es gehörte.
Toms neueste Erfindung war die beste, die er je gemacht hatte: ein kleiner Roboter, der ihm richtig gut gelungen war! Der Körper bestand aus dem Toaster, den seine Mutter gerade erst gekauft hatte. Der gefiel Tom besonders gut, weil er so schön glänzte.
Er hatte ihn hochkant gestellt, sodass sich die beiden Brotschlitze an der Seite befanden. Als Kopf hatte Tom Omas alten Wecker genommen, denn die beiden Klingeldinger ganz oben sahen fast so aus wie Ohren und

die Zeiger wie eine Nase. Tom hatte sie beide kurz geschnitten, damit die Nase auch wirklich in der Mitte saß. Für die Arme hatte er zwei Zangen aus Papas Werkzeugkasten genommen: eine Kneifzange und eine Rohrzange. Und die Beine bestanden aus zwei Gabeln, deren Zinken er umgebogen hatte. Nun hatte der Roboter richtige Füße mit vier Zinkenzehen!

Es war ein stürmischer Abend. Draußen vor dem Fenster jagten dunkle Wolken über den Himmel und drüben am Flussufer wippten und wackelten die Weiden, so heftig blies der Wind.
Tom saß vor der Balkontür und schraubte die letzte Schraube in den kleinen Blechmann, und gerade als alles fertig war, hörte er die Stimme seiner Mutter:
„Tom, wo ist der Toaster?“, rief Frau Meier von unten aus der Küche. „Mein nigelnagelneuer Toaster!“

Jetzt waren Schritte auf der Treppe zu hören! Da! Die Türklinke bewegte sich! Tom riss blitzschnell die Balkontür auf, stellte den Blechmann nach draußen und knallte die Tür wieder zu.
Im nächsten Moment stand seine Mutter schon im Zimmer. „Rück den Toaster raus, Tom!“, sagte sie. „Ich weiß genau, dass du ihn hast.“
„Ehrlich, Mama, ich … Oh, Vorsicht, tritt nicht auf …“
Krach, knirsch! Es war zu spät. Frau Meiers Fuß war genau auf Toms Apfel-Hubschredder gelandet – auch eine geniale Erfindung, jedenfalls wenn alles so funktionierte, wie Tom sich das vorstellte: Der Hubschredder sah aus wie ein normaler Hubschrauber, aber sein Propeller bestand aus vier Küchenmessern. Wenn er durch einen Apfelbaum flog, schredderte er die Äpfel im Flug kurz und klein und presste

gleich auch noch den Saft heraus. Der Saft floss dann durch einen langen Schlauch nach unten: So konnte man frisch gepressten Apfelsaft trinken, direkt vom Baum, ohne die Äpfel zu pflücken!

„Meine Erfindung, pass doch besser auf!“, rief Tom wütend – er hatte den Hubschredder noch gar nicht ausprobiert, und nun war er schon kaputt!

„Das sind ja meine Küchenmesser“, sagte Frau Meier und hob die Messer auf. „Die haben hier nichts zu suchen! Und wo ist Omas alter Wecker? Sie hat gesagt, er sei verschwunden!“

Toms Oma wohnte genau über Tom, eine Treppe höher. Sie wachte jeden Morgen um sechs Uhr auf, genauer gesagt: kurz bevor um

1. Fall: Wieso weiß Frau Meier, dass Tom ihren Toaster hat? Weil er

immer alle Haushaltsgeräte repariert.

sechs ihr Wecker klingelte. Also brauchte sie den Wecker eigentlich gar nicht. „Keine Ahnung, wo der ist“, murmelte Tom. „Wehe, wenn ich ihn bei dir finde!“, sagte Frau Meier und warf Tom einen strengen Blick zu. Dann verließ sie das Zimmer – und den Propeller nahm sie mit.

so gerne Toast isst.

für seine Tüfteleien alles nimmt, was er im Haus findet.

Tom stellte den kaputten Hubschredder ins Regal. Draußen begann es zu donnern. Grelle Blitze jagten über den Himmel. Es wurden immer mehr. Sie schienen zu kämpfen und sich dabei ineinander zu verheddern. Im nächsten Moment war die Balkontür hell erleuchtet. Es krachte und zischte, und Funken tanzten durch die Luft. Tom duckte sich und zog erschrocken den Kopf ein. Eine Weile blieb alles still, dann aber hörte er ein seltsames Geräusch …

Poch, poch, poch!
Die Scheibe schepperte. Tom hob den Kopf und spähte nach draußen, doch inzwischen war es fast schon dunkel und er konnte nichts erkennen. Da war es wieder:
Poch, poch, poch!
Jemand klopfte von außen an die Scheibe!
Tom lief ein eiskalter Schauer über den Rücken.
Poch, poch, POCH!
Das Klopfen wurde lauter. Tom nahm all seinen Mut zusammen, öffnete die Balkontür und schaute hinaus. Es war nichts zu sehen.
„Hier unten!“, schnarrte eine hohle Stimme.
Er schaute nach unten und erstarrte. Vor ihm stand sein Roboter und winkte mit dem rechten Zangenarm zu ihm herauf!
„Blechi!“, rief Tom begeistert. Das war der Name, den er sich für seinen Blechmann überlegt hatte.
Ein ärgerliches Schnaufen war zu hören.

„Herr von Blech, wenn ich bitten darf!“, sagte der Blechmann.
„Oh, Entschuldigung … Und ich heiße Tom. Freut mich sehr, Sie kennenzulernen.“ Und er machte eine kleine Verbeugung.
Eigentlich kannte er den Blechmann ja schon länger – aber das konnte Herr von Blech ja nicht wissen.
„Dürfte ich hereinkommen?“, fragte Herr von Blech. „Es regnet.“
„Oh, natürlich“, sagte Tom und hielt ihm die Balkontür auf.
Herr von Blech schlurfte auf seinen Gabelfüßen ins Zimmer, und das kurze Toasterkabel mit dem Stecker schleifte hinter ihm her wie der Keulenschwanz eines Dinosauriers.
Tom fand seinen Roboter einfach genial! Die beiden abgeschnittenen Zeiger seiner Nase drehten sich um die Wette, mal schneller und mal langsamer. Und seine

Knopfaugen schimmerten, als wären sie lebendig! Auf die Augen war Tom ganz besonders stolz, weil es ihm gelungen war, sie in einem günstigen Moment aus Annas Zimmer zu klauen. Und zwar von einer Stoffpuppe, die Katrinchen hieß und früher mal Annas Lieblingspuppe gewesen war. Doch inzwischen saß Katrinchen nur noch im Regal und Anna beachtete sie überhaupt nicht mehr. Also würde sie bestimmt nicht merken, dass die Augen fehlten. Tom hatte sie dem Blechmann mitten ins Weckergesicht geklebt, zwar ein bisschen schief, aber es sah trotzdem super aus!

Herr von Blech drehte seinen Weckerkopf und sah sich in Toms Zimmer um.
„Wo wohne ich?“, schnarrte er.
„Ich, äh, ich weiß nicht“, stammelte Tom, „in einem Haus?“
„Haus?“, sagte Herr von Blech. „Was ist denn das?“
„Na, ein Haus“, sagte Tom. „Wo man drin wohnt. Mit einer Tür zum Reingehen.“

„Ausgezeichnet“, sagte Herr von Blech. „Ich will auch so ein Haus. So eins da!“ Er hob den Kneifzangenarm und zeigte auf Toms Kleiderschrank.
Tom hatte das Gefühl, dass man Herrn von Blech nicht widersprechen durfte. Also öffnete er den Schrank und Herr von Blech spähte hinein. „Ausgezeichnet“, sagte er, „ich nehme es.“ Er betrat den Schrank und sah sich um.
„Ach, Herr Bl…, äh, Herr VON Blech, meine ich“, rief Tom. „Ich bin ja so froh, dass Sie lebendig sind!“
Herr von Blech starrte Tom mit seinen Puppenaugen an und schwieg. Sein Weckerkopf tickte und seine Zeigernase drehte sich so schnell, dass sie zu surren begann wie ein Minipropeller. Offenbar dachte Herr von Blech nach.
„Lebendig?“, sagte er schließlich. „Was ist denn das?“

2. Herr von Blech will ein Herz

„Lebendig, na eben lebendig“, sagte Tom. Sehr klug schien Herr von Blech nicht zu sein. Aber das lag vielleicht daran, dass er ein Roboter war und dass man Roboter ja programmieren musste. Und das hatte Tom leider vergessen. Also konnte Herr von Blech nichts dafür. „Lebendig bedeutet, dass man sich bewegen kann und nachdenkt und ein Herz hat ...“, erklärte Tom.
„Ein Herz? Was ist denn das?“
„Ein Herz, na ja ...“ Tom fiel ein, dass Herr von Blech ja gar kein Herz hatte. „So ein Herz schlägt die ganze Zeit und wenn man glücklich ist, dann wird einem ganz warm ums Herz und ...“
„Ausgezeichnet“, sagte Herr von Blech. „Ich will auch so ein Herz!“
„Aber das geht doch nicht!“, sagte Tom verzweifelt.

Herr von Blech starrte ihn ärgerlich an.
„Ich WILL ein Herz!“, wiederholte er.
„Aber Roboter haben kein Herz!“
„Ist mir egal!“, schnarrte Herr von Blech.
Tom überlegte. Und dann kam ihm tatsächlich eine fabelhafte Idee – kein Wunder, schließlich war er ja ein Erfinder!
„Herr von Blech, ich glaube, ich kann Ihnen ein Herz besorgen“, sagte er. „Warten Sie einen Moment, ich bin gleich wieder da.“
Herr von Blech setzte sich in seinen Kleiderschrank und Tom rannte in die Küche.

Zum Glück war seine Mutter gerade nirgends zu sehen. Wahrscheinlich war sie bei Oma, oben im ersten Stock. Oma Meier lag fast den ganzen Tag im Bett und sah fern, und ab und zu brachte Frau Meier ihr ein Glas Saft oder ein Stück Kuchen und erzählte ihr von den vielen Sorgen, die Tom ihr machte.

2. Fall: „Lebendig“ bedeutet für Tom:

„dass man sich bewegen kann und nachdenkt und ein Herz hat …“

Tom holte sich eine Scheibe Toastbrot aus dem Schrank und rannte zurück in sein Zimmer.
„Bitte, Herr von Blech, Ihr Herz, wie versprochen“, sagte Tom und zeigte ihm die weiße Brotscheibe.
„Hm“, Herrn von Blechs Weckerkopf tickte, „ich spüre aber gar nichts.“
„Einen Moment, das haben wir gleich.“
Tom trug Herrn von Blech zur nächsten Steckdose und schloss den Toaster an.
Dann schob er die Brotscheibe in den Schlitz und drückte den Hebel hinunter.
Herrn von Blechs Weckerkopf tickte plötzlich schneller und seine Zeigernase begann zu surren. „Ooooh … Ich glaube, meine Leitungen brennen durch“, schnarrte er.

„dass man hören und sprechen kann.“

„dass man ein Herz hat und nachdenken kann.“

„Keine Angst, das ist nur Ihr Herz“, sagte Tom. „Merken Sie schon, wie es warm wird?“
„Ja“, sagte Herr von Blech. „Nette Sache, so ein Herz.“
Das Brot begann zu qualmen. Tom sah, dass der Toaster viel zu hoch eingestellt war.
„Ausgezeichnet, ganz ausge…“ Plopp!
Das Brot sprang seitlich aus dem Toaster.
Es war schwarz. „Oh“, sagte Herr von Blech, „ich habe mein Herz ausgespuckt.“
Tom seufzte. „Das kenne ich, das Gefühl.“
Vor langer Zeit – ungefähr vor zwei Wochen – war Tom nämlich mal verliebt gewesen.
Aber das war nun vorbei.
Herr von Blech setzte sich hin und sagte gar nichts mehr. Er wirkte ziemlich niedergeschlagen.
„Solche Herzen halten leider nicht sehr lange“, erklärte Tom. „Aber es gibt noch mehr davon. Moment, ich bin gleich wieder da!“

Kurz darauf kam er mit einer ganzen Packung Toastbrot aus der Küche zurück.
„Hier, die schenke ich Ihnen."
Herr von Blech nahm die Packung Toastbrot und hielt sie mit beiden Zangenarmen fest.
„Ausgezeichnet!", sagte er zufrieden. „Du bist sehr freundlich, Tom." Dann zog er den Stecker aus der Dose und trug seine Herzen hinüber in den Kleiderschrank.

3. Herr von Blech lernt Kung-Fu

Am nächsten Morgen wachte Tom schon um sechs Uhr auf – irgendwo ganz in der Nähe war ein ohrenbetäubend lautes Schrillen zu hören. Tom fuhr in die Höhe und rieb sich die Augen. Das Geräusch klang eigentlich genau wie ein Wecker. Und es kam aus seinem Kleiderschrank …
„Zu Hiiiiilfe!“, tönte eine dumpfe, schnarrende Stimme aus dem Schrank.
„O Gott!“ Tom sprang aus dem Bett. „Ich komme, Herr von Blech!“

Er riss die Schranktür auf und stellte schnell den Wecker ab.
„Alles in Ordnung, Herr von Blech? Haben Sie gut geschlafen?“
„Ich habe Kopfweh!“, jammerte Herr von Blech. Und er holte mit dem rechten Zangenarm aus und schlug sich gegen den Weckerkopf, dass es nur so schepperte.
„Pscht, nicht so laut“, sagte Tom.
Normalerweise weckte seine Mutter ihn morgens – sie konnte jeden Moment ins Zimmer kommen! „Herr von Blech, ich muss gleich in die Schule – könnten Sie vielleicht hier in Ihrem Haus bleiben und warten, bis ich wiederkomme?“
„Schule?“, fragte Herr von Blech. „Was ist denn das?“
Tom erklärte es ihm schnell. Dass man dort etwas lernte und dass man jeden Morgen hingehen musste, bei Wind und Wetter.
Auch wenn man gar keine Lust hatte.

„Und hast du denn keine Lust?“
Tom fand, dass Herr von Blech ziemlich viele Fragen stellte. So ein Roboter war ganz schön anstrengend. Und Tom war müde und hatte Hunger und außerdem musste er aufs Klo. Aber irgendwie konnte Herr von Blech ja nichts dafür, dass er so war, wie er war. Schließlich hatte Tom ihn selbst gebaut.
„Nee“, sagte er. „Ich hab keine Lust, weil der Mario aus meiner Klasse mich dauernd verprügelt, der Mario ist nämlich stärker.“
„Dermario“, schnarrte Herr von Blech nachdenklich. „Warum haust du Dermario nicht einfach auf den Wecker?“
Tom musste lachen. „Das ist gar nicht so einfach. Dazu muss ich erst mal Kung-Fu lernen. Einen Moment, Herr von Blech.“
Tom holte schnell das Kung-Fu-Buch, das er aus der Bücherei ausgeliehen hatte, und schlug die erste Seite auf.

„Sehen Sie“, sagte er. „Dieser Mann da kommt aus China. Er springt beim Kämpfen in die Luft und schreit Haaa-zing-zong-zoing-hua! Wenn man Kung-Fu kann, ist man unbesiegbar. Jedenfalls fast.“
Herr von Blech betrachtete die Fotos auf der ersten Seite. „Ausgezeichnet“, sagte er. „Ganz ausgezeichnet.“

Als Tom am Nachmittag aus der Schule kam, war der Fußboden in seinem Zimmer voller Holzsplitter und überall lagen kaputte Bauklötze. Herr von Blech hatte die Zeit genutzt und das Kung-Fu-Buch gelesen. Genauer gesagt: Er hatte sich die Fotos angeguckt.

„Guten Tag, Tom“, sagte Herr von Blech und legte einen langen Bauklotz quer über zwei andere. „Guck mal, ich kann Kung-Fu.“

Herr von Blech sprang mit seinen Gabelfüßen hoch in die Luft und hob dabei den rechten Zangenarm. Als er fast schon unter der Decke war, schrie er: „Haaa-Zing-Zong-Zoing-Hua!“, dann ließ er sich nach unten fallen und sein Zangenarm haute den Klotz in der Mitte durch! Es krachte und die eine Hälfte des Bauklotzes flog quer durchs Zimmer und traf den kaputten Hubschredder im Regal!

„Ganz toll“, sagte Tom und biss sich auf die Lippen.

„Noch mal?“, fragte Herr von Blech. „Ich glaube, es geht auch mit größeren Sachen.“

Herr von Blech stellte sich vor Toms Bett und hob den Arm …

„Nein!“, rief Tom. „Ganz toll, Herr von Blech. Wirklich toll, aber jetzt machen wir erst mal Pause.“

Tom war froh, dass seine Oma nicht mehr so gut hören konnte und dass außer ihr vormittags niemand im Haus war. Seine Mutter kam mittags von der Arbeit, sein Vater kam abends von der Arbeit und Anna war noch in der Schule. Aber wenn Herr von Blech weiter solchen Lärm machte, würde er sehr schnell entdeckt werden. Und dann? Tom wagte gar nicht daran zu denken. Seine Mutter würde den Toaster wiederhaben wollen, und dann musste Herr von Blech sterben. Wo er doch gerade erst lebendig geworden war!

„Herr von Blech", sagte Tom. „Ein richtiger Kung-Fu-Kämpfer kann auch meditieren."

„Medi-was?", fragte Herr von Blech.

„Me-di-tie-ren. Das bedeutet, dass man sich hinsetzt und ganz leise ist. Mindestens einen halben Tag lang! So geht Kung-Fu.

3. Fall: Tom werden Herrn von Blechs Kung-Fu-Künste zu viel,

★ als er sieht, dass seine Bauklötze kaputt sind.

Vormittags darf man kämpfen und nachmittags und abends ist man leise und denkt nach."

„Davon war in dem Buch aber gar nichts zu sehen. Und ich habe mir alle Bilder ganz genau angeguckt!"

„Egal", sagte Tom. „Probieren Sie es aus. Sie setzen sich in Ihr Haus und meditieren, sagen wir mal, bis morgen früh. Okay?"

als sich Herr von Blech über sein Bett hermacht.

als sein Hubschredder erneut beschädigt wird.

Herr von Blech schien nicht sehr begeistert zu sein, aber er setzte sich in seinen Schrank und sagte gar nichts mehr.
„Übrigens funktioniert es am besten, wenn man im Dunkeln sitzt“, sagte Tom und machte die Schranktür zu.
Aus dem Schrank war nichts zu hören.

Tom setzte sich an seinen Schreibtisch und packte die Schultasche aus. Alles war wunderbar ruhig – bis auf die Lieder aus Omas Fernseher natürlich. Zwei Frauen sangen etwas über Berge und Täler und Wiesen und Wolken …

Tom schlug sein Mathebuch auf und warf einen Blick auf die Hausaufgaben.

„Ist jetzt schon morgen früh?“, brüllte Herr von Blech aus dem Schrank.

„Nein!“, rief Tom ärgerlich. „Noch lange nicht!“

Eine Weile war wieder nichts zu hören.

„UND JETZT?“

Tom warf den Füller auf den Tisch, sprang auf und lief zum Schrank.

„Herr von Blech“, sagte er. „Sie müssen mehr Geduld haben.“ Eigentlich fand Tom diesen Satz blöd – seine Mutter sagte dasselbe immer zu ihm, wenn er nicht warten wollte. Aber ihm fiel gerade nichts Besseres ein. „Ich sage Ihnen sofort Bescheid, wenn morgen früh ist, okay?“

„Okay“, schnarrte Herr von Blech.

Von unten war das Schlagen der Haustür zu hören. Dann hallten Stimmen durch die Diele. Frau Meier und Anna waren nach Hause gekommen.

„Tom? Wozu ist das gut, das Me-di-tie-ren?“, fragte Herr von Blech aus dem Schrank.

Tom seufzte. „Man bekommt Kraft“, erklärte er. „Man wird stärker und stärker und kann besser kämpfen …“

Eine Weile war wieder alles still. Aber dann hörte Tom Herrn von Blechs Stimme wieder, diesmal nur ganz leise, im Flüsterton:

„Haaa-zing-zong-zoing-hua.“

„Nein!“, schrie Tom. „Nicht!“

Doch es war zu spät.

4. Fall: Warum hat sich Tom wohl das Kung-Fu-Buch ausgeliehen?

Er will lernen, wie man Holzlatten mit der Hand durchschlägt.

Im nächsten Moment krachte es, Holz splitterte und in der Schranktür klaffte ein großes Loch. Herrn von Blechs Weckergesicht erschien in der Öffnung.
„Ausgezeichnet“, sagte Herr von Blech, „es funktioniert. Ich bin schon viel stärker geworden. Und mein Haus hat jetzt ein Fenster!“

Ihm gefällt das Meditieren.

Er will stärker werden als Mario.

Im selben Moment ertönte ein schrecklicher Schrei, so laut und schrill, dass Tom vor Schreck zusammenzuckte. Der Schrei kam aus Annas Zimmer und Tom konnte sich schon denken, was er zu bedeuten hatte …

4. Herr von Blech wird entdeckt

Die Tür zu Toms Zimmer flog auf und vor ihm stand seine große Schwester Anna. In der Hand hielt sie Katrinchen. „Was hast du mit ihr gemacht?“, brüllte Anna. „WO SIND DIE AUGEN?“

Tom schaute blitzschnell zum Schrank hinüber. Herrn von Blechs Gesicht war verschwunden.

Frau Meier kam ins Zimmer gestürmt. „Dürfte man vielleicht erfahren, was hier los ist?“, fragte sie.

„Er hat Katrinchens Augen geklaut!“, schrie Anna und zeigte ihr die blinde Stoffpuppe.

Frau Meier schnappte nach Luft. „Tom, das geht jetzt aber wirklich zu weit! Du kannst dir nicht einfach nehmen, was du willst. Ich werde …“

„Du musst ihn bestrafen!“, rief Anna. „Los, bestraf ihn, bestraf ihn!“

„Dein Vater und ich, wir werden …“
„Er darf nie wieder fernsehen!“, kreischte Anna. „Nie, nie wieder!“
„Anna, es reicht“, sagte Frau Meier.
Anna schleuderte Katrinchen quer durch Toms Zimmer und traf den Hubschredder! Dann ging sie und knallte die Tür hinter sich zu.
Tom stöhnte. Den Hubschredder konnte er wegschmeißen.

„Tom“, sagte seine Mutter. „Du gibst mir jetzt sofort diese Puppenaugen – oder …“ Frau Meier verstummte und blickte mit offenem Mund zu Toms Kleiderschrank. Sie schimpfte nicht. Sie sagte nichts. Sie bewegte sich nicht. Sie schien nicht mal mehr zu atmen.
„Äh … Mama?“, fragte Tom.
Seine Mutter ging wortlos zum Schrank und starrte auf das große Loch. Und dann öffnete sie die Schranktür.
„Huch!“, rief Frau Meier und zuckte zurück.
„Ruhe, bitte!“, schnarrte eine blecherne Stimme aus dem Schrank. „Ich meditiere!“
Tom biss sich auf die Lippen. Jetzt war alles aus, vorbei.
Frau Meier wirkte ein wenig blass. „Ich glaube, wir müssen uns mal unterhalten, Tom“, sagte sie. „Heute Abend, wenn dein Vater nach Hause kommt …“

An diesem Abend saß die ganze Familie zusammen am Küchentisch. Tom hatte Herrn von Blech mitbringen müssen. Sogar Oma Meier war nach unten gekommen – und das tat sie wirklich nur zu ganz wichtigen Anlässen, weil die Treppe so steil und anstrengend war.

Tom fühlte sich gar nicht wohl in seiner Haut. Wenn die ganze Familie am Küchentisch saß, hatte das meistens nichts Gutes zu bedeuten.

Seine Mutter legte seinem Vater die Hand auf den Arm und warf ihm einen sehr, sehr ernsten Blick zu.

„Äh, Tom“, sagte Herr Meier und stand auf. Tom schluckte. Wenn sein Vater zum Reden aufstand, war die Lage wirklich ernst!

5. Fall: Frau Meier verstummt,

als sie das große Loch im Schrank sieht.

„Wir haben dir, äh, schon oft genug erklärt, dass du dir nicht einfach so anderer Leute Sachen nehmen kannst.“
„Auch nicht für deine Erfindungen“, murmelte Frau Meier.
„Auch nicht für deine Erfindungen!“, wiederholte Herr Meier.
Tom senkte schuldbewusst den Kopf.

als sie über Herrn von Blech stolpert.

als sie plötzlich seine Stimme hört.

„Und dann auch noch Katrinchens Augen“, sagte Herr Meier. „Du weißt doch, dass Katrinchen Annas Lieblingspuppe ist!“
„Genau!“, rief Anna und starrte Tom giftig an.
Herr Meier räusperte sich. „Du musst die Sachen, äh, zurückgeben“, sagte er und setzte sich wieder.
„Genau!“, rief Anna und streckte Tom die Zunge raus, aber nur ganz kurz, damit niemand es merkte.

Tom konnte es nicht fassen. Sie würden Herrn von Blech in Stücke reißen! Toms erste Erfindung, die richtig funktionierte! Und die außerdem auch noch lebendig war! Und der arme Herr von Blech saß dort auf seinem Stuhl und begriff überhaupt nicht, was passierte.
Sie würden ihn TÖTEN!
Toms Oma lächelte. Sie war schon sehr alt und ihre Gedanken waren sehr langsam. Deswegen verstand sie meistens nicht so recht, worum es ging, genau wie Herr von Blech.
„Sag mal, Tom“, sagte die Oma. „Was ist denn das für ein hübscher kleiner Blechmann, den du da hast? Ist der neu?“
Herr von Blech stand auf und machte eine kleine quietschende Verbeugung.
„Mein Name ist Herr von Blech“, sagte er. „Freut mich sehr, Sie kennenzulernen!“
Und dann geschah ein Wunder!

„Oh, ist der süüüüüüüüüüüß!“, quiekte Anna und klatschte begeistert in die Hände.
„Und so gut erzogen!“, sagte Frau Meier verblüfft.
Herr Meier hob eine Augenbraue. „Der wirkt ja richtig lebendig“, sagte er.

6. Fall: Toms größte Angst beim Familienrat ist,

dass er zur Strafe nie wieder fernsehen darf.

„Wieso wirkt?“, brummte Herr von Blech beleidigt. „Ich kann mich bewegen, DA!“, sagte er und quietschte mit den Armen. „Ich kann nachdenken, DA!“ Er zeigte auf seinen Weckerkopf, der laut und deutlich tickte.
„Und ich habe ein Herz! Sogar eine ganze Packung!“
Alle lächelten und Anna seufzte schon wieder: „Oooh, wie süüüß!“
„Also, ich muss zugeben: Seine Arme sind wirklich toll gelungen“, sagte Herr Meier.
„Sein Rücken glänzt so schön“, fügte Frau Meier hinzu.
„Und er hat tolle Augen!“, schwärmte Anna.
„Und meine Beine?“, schnarrte Herr von Blech geschmeichelt und streckte seine beiden Gabelfüße in die Luft. „Wie sind meine Beine?“

dass seine erste richtige Erfindung zerstört wird.

dass seine Schwester ewig böse auf ihn sein wird.

„Fan-tas-tisch!“, sagten alle, obwohl niemand die Gabelfüße besonders toll fand. Aber alle wollten Herrn von Blech eine Freude machen.
Oma Meier sah Herrn von Blech eine ganze Weile an. „Ich weiß nicht, ich weiß nicht“, sagte sie nachdenklich. „Findet ihr nicht, dass dieses Gesicht … irgendwie … so aussieht wie MEIN WECKER?“

Tom biss sich auf die Lippen.
„Überhaupt nicht“, sagte Anna.
„Ach Mutti, das bildest du dir ein“, sagte Herr Meier.
„Ich kaufe dir morgen einen neuen“, versprach Frau Meier.
Anna war der Meinung, dass Herr von Blech für immer bei ihnen bleiben sollte. Und dass er einen schönen Platz zum Schlafen brauchte. „In meinem Zimmer zum Beispiel“, sagte sie. „Ich leihe ihm gern Katrinchens Puppenwagen. Für den bin ich eh zu alt.“
„Vergiss es!“, fauchte Tom.
Herr von Blech verbeugte sich zum zweiten Mal. „Das ist wirklich sehr freundlich von dir“, bedankte er sich bei Anna. „Aber ich habe schon ein Haus mit Fenster.“
„Genau!“, sagte Tom.
„Über das Fenster unterhalten wir uns noch!“, sagte Frau Meier und warf Tom einen strengen Blick zu.

Die Oma schien sich sehr zu freuen, dass Herr von Blech so höflich war und sich so nett bedankte. „Ach, genau wie mein Erwin damals immer“, seufzte sie. „Lieber Herr von Blech, wenn Sie nun bei uns bleiben, wollen Sie uns dann nicht Ihren Vornamen verraten?“

Herr von Blech schien die Frage kompliziert zu finden. Er tickte und surrte eine ganze Weile vor sich hin und seine Nase begann sich immer schneller zu drehen, so schnell, dass die beiden Zeigerstummel gar nicht mehr zu erkennen waren …

Tom konnte sich schon denken, was das lange Ticken und Surren zu bedeuten hatte: Es bedeutete, dass Herr von Blech überall in seinem Weckerkopf verzweifelt nach

7. Fall: Jeder findet etwas anderes toll an Herrn von Blech. Was stimmt?

Herrn Meier gefallen seine schönen Augen.

einem Vornamen suchte und suchte und einfach keinen fand. Der Weckerkopf begann bedenklich zu rattern.

Herr von Blech holte aus und schlug mit dem rechten Zangenarm scheppernd dagegen. Das Rattern hörte auf und seine Propellernase wurde wieder langsamer und stand schließlich still.

„Herr von Blech, wenn ich bitten darf!“, schnarrte er.

Und von diesem Tag an wohnte Herr von Blech in Toms Kleiderschrank.

Anna gefallen seine gelungenen Zangenarme.

Frau Meier findet seinen glänzenden Rücken schön.

Was sagst du dazu?

Herr von Blech ist ein ziemlich selbstbewusster, eigensinniger Kerl. Findest du dazu Stellen im Text?

Schreibe deine Antwort auf und schicke sie uns!
Als Dankeschön verlosen wir unter den Einsendern zweimal jährlich tolle Buchpreise aus unserem aktuellen Programm!
Eine Auswahl der Einsendungen veröffentlichen wir außerdem auf unserer Homepage www.lesedetektive.de.

Wenn du alle Fälle im Buch richtig gelöst hast, kannst du hier das Lösungswort eintragen:

T O A S T B R O T

1. 2. 3. 4. 5. 6. 7.

Die Duden-Lesedetektive: Leseförderung mit System

1. Klasse
32 Seiten, gebunden

- Finn und Lili auf dem Bauernhof • ISBN 978-3-411-70782-9
- Nuri und die Ziegenfüße • ISBN 978-3-411-70785-0
- Eine unheimliche Nacht • ISBN 978-3-411-70788-1
- Franzi und das falsche Pferd • ISBN 978-3-411-70790-4
- Ein ganz besonderer Ferientag • ISBN 978-3-411-70795-9
- Das gefundene Geld • ISBN 978-3-411-70799-7

2. Klasse
32 Seiten, gebunden

- Die Prinzessin im Supermarkt • ISBN 978-3-411-70786-7
- Auf der Suche nach dem verschwundenen Hund • ISBN 978-3-411-70783-6
- Emil und der neue Tacho • ISBN 978-3-411-70789-8
- Sarah und der Findekompass • ISBN 978-3-411-70792-8
- Ein bester Freund mal zwei • ISBN 978-3-411-70796-6
- Eine Sommernacht im Zelt • ISBN 978-3-411-70800-0

3. Klasse
48 Seiten, gebunden

- Anne und der geheimnisvolle Schlüssel • ISBN 978-3-411-70787-4
- Eins zu null für Leon • ISBN 978-3-411-70784-3
- Viktor und die Fußball-Dinos • ISBN 978-3-411-70793-5
- Nelly, die Piratentochter • ISBN 978-3-411-70797-3
- Herr von Blech zieht ein • ISBN 978-3-411-70802-4

4. Klasse
48 Seiten, gebunden

- Der Geist aus dem Würstchenglas • ISBN 978-3-411-70794-2
- Der schlechteste Ritter der Welt • ISBN 978-3-411-70798-0
- Kira und die Hexenschuhe • ISBN 978-3-411-70803-1

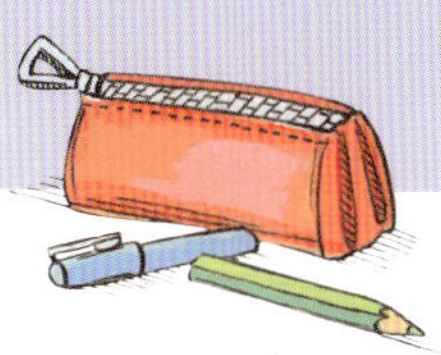

Weitere Titel in Vorbereitung!

Gefunden!
Knote den Streifen einfach an das Lesebändchen an und fertig ist dein Geheimalphabet! Neben jeder richtigen Antwort im Buch steht ein Zeichen, das du im Alphabet wiederfindest. Setze nun auf der letzten Seite die Buchstaben zum Lösungswort zusammen.